LLYFRAU

Arswyd Fawr!

gan Elwyn Ioan

I
Siwan Wyn

Argraffiad cyntaf: 1999

© Hawlfraint Elwyn Ioan

Cyhoeddwyd dan gynllun comisiynu Cyngor Llyfrau Cymru.
Dymuna'r cyhoeddwyr gydnabod cymorth
adrannau Cyngor Llyfrau Cymru.

Cedwir pob hawl.

Lluniau gan yr awdur

Rhif Rhyngwladol: 086243 489 0

Argraffwyd a chyhoeddwyd yng Nghymru gan
Y Lolfa Cyf., Talybont, Ceredigion SY24 5AP
ffôn (01970) 832 304 *ffacs* 832 782 *isdn* 832 813
e-bost ylolfa@ylolfa.com *y we* www.ylolfa.com

CLWMP CLOMP, CLWMP CLOMP...

Swatiodd Dion a Dana yn dynn yn erbyn
y wal a wynebai ddrws yr ystafell wely
wrth i'r sŵn traed ddynesu.

CLYMP CLOMP,

CLYMP CLOMP...

Roedd eisteddfod Gŵyl Ddewi yr ysgol yn agosáu ac roedd awydd ar Dion a Dana i roi cynnig ar y ddeuawd offerynnol…

ond Dad oedd y broblem!

ISEL MEWN CALORÏAU? 25% LLAI O FRASTER?

FEDRWN NI WNEUD **DIM** YN IAWN Y DYDDIAU HYN.

Enw iawn Dad, gyda llaw,
yw Dani Doyle
ac mae e'n gweithio
fel dyn-gwneud-pob-dim
yng nghartref henoed
Plas y Durtur.
Hen blasty yw
Plas y Durtur.

MAE'N ANOBEITHIOL GWELD DIM FAN YMA. DIM OND 25 WATT YW'R BYLB!

HEI! ANGHOFIA'R YMARFER AM HENO, DANA. BETH AM GERDDED DRAW I GOED Y PLAS I WELD A YW'R DYNION 'NA O GWMPAS O HYD.

DIM OND AM 'CHYDIG, COFIA.

Roedd les y cartref yn dod i ben yn fuan a'r si ar led fod y perchennog presennol, Syr Jeremy Thompson-Pughe o Mayfair, Llundain, gorwyr i'r hen Sgweiar Pugh, yn awyddus i werthu'r plas i gwmni adeiladu lleol.

* * *

Oedd, mi roedd Dani Doyle yn poeni. Petai'r cartref yn cau yna byddai'n rhaid i'r cyngor symud yr hen bobl i gartrefi eraill yn y cylch a byddai yntau'n colli ei swydd.

> YR UNIG GYSUR, MEGAN, YW OS COLLA I FY NGWAITH FE FYDD GEN I FWY O AMSER I WYLIO ADAR YNG NGHOED Y PLAS.

> OS DATBLYGWYR FYDD YN PRYNU'R LLE, FYDD YNA DDIM COED YNO'N HIR IAWN!

Dim coed, dim adar, dim swydd. Suddodd calon Dani yn is ac yn is.

* * *

EFALLAI MAI GWYLWYR ADAR DIGON DINIWED OEDD Y DYNION, DION.
NA, ROEDDEN NHW'N YMDDWYN YN FWY SLEI MEDDAI DAD. POBL O'R CWMNI DATBLYGU SIŴR I TI.

WEDI YFED GORMOD O COLA OER, DION!
WWWW... AROS FUNUD.

Rhedodd Dana i'r fan lle safai Dion funud ynghynt.

Mae'n rhaid fod y ddaear wedi rhoi ar ôl
y glaw mawr diweddar ac wedi achosi'r twll.

Wedi i Dana helpu ei brawd i ddringo o'r twll, taenodd Dion yr hen ganghennau dros yr agoriad unwaith eto. Penderfynodd y ddau ddychwelyd yn gynnar fore trannoeth gyda fflachlamp fawr Dad, i weld beth oedd y tu ôl i'r garreg fawr yn y twll rhyfedd yng nghoed y plas.

* * *

Trannoeth roedd sioc yn disgwyl Mam…

NEFI WEN! BE SY'N GWNEUD I CHI'CH DAU GODI MOR FORE AR DDYDD SADWRN?!

Ar ôl i Dad ddiflannu trwy lidiart yr ardd rhuthrodd Dion a Dana i'r sièd i nôl y fflachlamp ac yna rhedeg nerth eu traed i gyfeiriad coed y plas.

Cliriodd y ddau y canghennau o geg y twll a disgyn yn ofalus i'r gwaelod. Wedi iddynt symud y garreg aeth y ddau drwodd i ben y grisiau cerrig.
Yng ngolau'r fflachlamp gallent weld twnnel hir, uchel yn ymestyn o'u blaenau.

Dringodd y ddau i lawr y grisiau serth a cherdded ymlaen ar hyd y twnnel hir, cul.

"Tro'r golau ar y wal am funud, Dion," meddai Dana.

"AC I LAWR YN ISEL FAN HYN!"

Cerddodd y ddau ymlaen ar hyd y twnnel. Ymlaen ac ymlaen nes iddynt, o'r diwedd, gyrraedd y pen pellaf. Yno roedd grisiau, fel yn y pen arall, yn esgyn i'r nenfwd.

"EDRYCH, DANA, MAE DRWS BACH YN Y TO!"

Dim ond llechen wastad oedd yno ac roedd honno'n eithaf rhydd. Gwthiodd Dion hi o'r neilltu a dringo drwy'r twll cyfyng. Estynnodd ei law i Dana a gwnaeth hithau yr un peth.

RY'N NI MEWN TWNNEL CULACH FYTH NAWR!

UST! FEDRI DI GLYWED LLEISIAU?

"Edrych," meddai Dana, "mae 'na olau fan hyn." Safodd ar flaen ei thraed ac edrych drwy'r twll bach, bach rhwng y ddwy garreg.

"Wel nefi wen!" sibrydodd Dana rhwng ei dannedd, "dacw Matron Morgan, y Cynghorydd Idwal Dix a… a DAD!"

Methai'r ddau â chredu'r peth. Roedden nhw'n edrych i mewn i lolfa fawr, gyfforddus Plas y Durtur!

Gwres canolog oedd yn y plas ers blynyddoedd bellach ond roedd yr hen gratiau wedi eu cadw am eu bod mor hardd.

"Hei," sibrydodd Dana, "beth am fynd i'r llyfrgell i weld a oes cynllun o'r plas ar gael yno?"

"Syniad grêt, Dana," sibrydodd Dion yn ôl.

Wrth ddringo'n araf
i lawr y grisiau cerrig, cul,
(roedd Dion a'i fflachlamp
droedfeddi o'i blaen!) teimlodd Dana ddarn o
garreg tipyn mwy a llyfnach na'r gweddill yn y wal.

AROS FUNUD, RHO OLAU LAN FAN HYN GLOU!

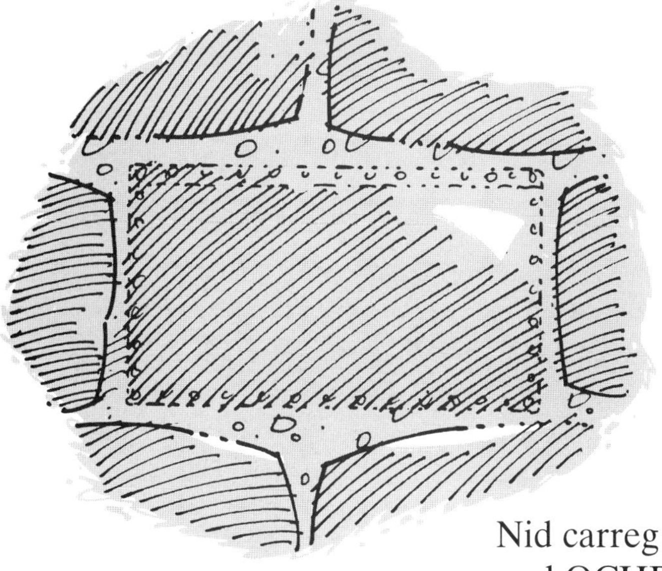

Nid carreg oedd yno -
ond OCHR CIST!

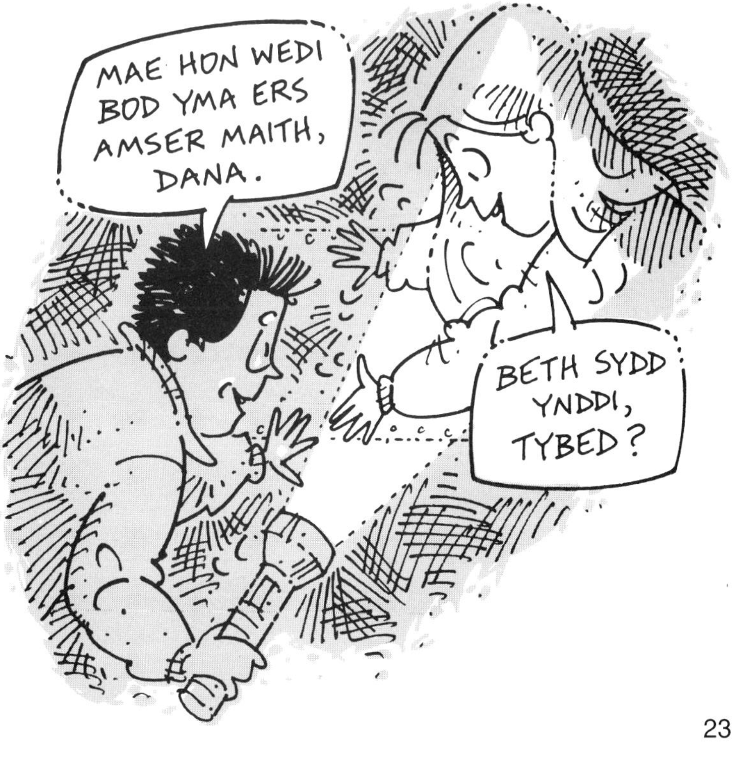

Penderfynodd y ddau fod angen dyn cryf efo'r arfau iawn i ryddhau'r morter o gwmpas y gist cyn bod gobaith ei chael oddi yno.

> DERE, MAE'R LLYFRGELL YN CAU AM HANNER DYDD HEDDI'. BYDD Y GIST YN DDIOGEL DIM OND INNI GUDDIO CEG Y TWLL FEL O'R BLAEN.

> TYBED OES 'NA EMAU YNDDI? CLUSTDLYSAU? BREICHLEDAU? MODRWYAU? WWWW!

* * *

AI DYMA'R MATH O LYFR OEDD GENNYCH CHI MEWN GOLWG?
HANES HEN BLASAU CYMRU
IE... IE, DYNA FE!

CASETIAU
DYMA NI, DANA! PLAS Y DURTUR.
WAW! MAE'R LLE YN DYDDIO 'NÔL I 1410.
Plas Du Ad. 1572
Plas y Durtur Ad. 1410

WEL, DYNA BETH RHYFEDD.
BETH?!
PWY FASE'N MEDDWL!
DYNA STORI DRIST YW HON AM Y GŴR IFANC.

Cerddodd y ddau tuag adref, braidd yn siomedig, ond yn edrych ymlaen at eu cinio.

* * *

'Nôl adref, roedd Dad yn esbonio beth ddigwyddodd yn y plas y bore hwnnw.

Esboniodd Dad fod y cwmni adeiladu oedd yn awyddus i brynu Plas y Durtur, sef Gwella Gwalia Cyf., yn cyfarfod i drafod y mater ymhellach am naw o'r gloch ben bore Llun yn eu prif swyddfa ar y stryd fawr.

PENDERFYNODD EIN GRŴP NI Y BORE 'MA GYNNAL PROTEST O FLAEN Y SWYDDFA YN YSTOD CYFARFOD **GWELLA GWALIA CYF.**

"Ond dim gair wrth neb, cofiwch," ychwanegodd Dad. "Mae'n protest ni'n gwbl gyfrinachol."

* * *

Daeth naw o'r gloch bore dydd Llun...

… ac yna hanner awr wedi naw.

Doedd Dani a'r protestwyr ddim yn deall pam nad oedd Gwella Gwalia Cyf. wedi cyfarfod i drafod dyfodol y plas.

Ond y noson honno, ar dudalen flaen y papur lleol…

Plas y Durtur:

Datblygwyr yn cyfarfod

gan ein Gohebydd Arbennig

Newidiwyd lleoliad cyfarfod cyfarwyddwyr Gwella Gwalia Cyf. ar y funud olaf fore heddiw o'r swyddfa ar y stryd fawr i fan cyfrinachol ond ni roddwyd esboniad i'r wasg am hyn. Yn ddiweddarach dywed...

MAE'N RHAID EU BOD NHW WEDI CLYWED AM Y BROTEST, DANI.

OND SUT? ROEDD YR HOLL BETH YN GWBL GYFRINACHOL!

Darllenodd Dani ymlaen…

boniad i'r wasg am hyn. Yn ddiweddarach dywedodd Mr Edward Prys, un o brif ddynion Gwella Gwalia Cyf., mai bwriad ei gwmni oedd troi'r plas yn westy moethus, modern a fyddai'n llawn saunas a jacwsis er mwyn denu pobl fusnes flinedig i ddod i ymlacio ar benwythnosau.

Mr Edward Prys

"Byddai'r tir o gwmpas yn cael ei droi yn barc hwyl a sbri," ychwanegodd Mr Prys, "gyda rheilffordd fechan yn mynd rownd i'r parc ac anifeiliaid mawr plastig – dinosoriaid, mamothiaid ac ati – wedi eu gosod fan hyn a fan draw."

Pan ofynnwyd i Mr Prys a fyddai'n rhaid torri'r coed a fu'n tyfu ers canrifoedd o gwmpas y plas, nid oedd ganddo sylw i'w wneud. Cyn i

* * *

Y noson honno, ar ôl picio draw i goed y plas i wneud yn siŵr nad oedd neb wedi tarfu ar geg y twll, aeth Dion a Dana ati i ymarfer y ddeuawd offerynnol yn y sièd.

Doedd fawr o hwyl ar y chwarae ac yn fuan roedd y ddau yn trafod dyfodol Plas y Durtur – UNWAITH ETO!

Ac ar ôl ysgol brynhawn dydd Mawrth aeth Dion a Dana i Neuadd y Dref. Roedd eu Hewythr Gruff yn gweithio yno, a chyn pen dim cafodd hyd i restr o aelodau Gwella Gwalia Cyf.

Roedd Idwal Dix yn Gynghorydd poblogaidd, a doedd neb yn disgwyl iddo gefnogi cynllun Gwella Gwalia Cyf.

Teimlai'r ddau yn ddig iawn wrth gerdded adref i gael te…

… ac yn eu haros yn y tŷ roedd mwy o newyddion drwg!

"Rwy'n ofni fod pethau'n symud ymlaen yn gyflym tua'r plas," meddai Dad yn ddigalon.

MAE SYR JEREMY THOMPSON-PUGHE YN PARATOI DERBYNIAD AR GYFER POBL **GWELLA GWALIA CYF.** YN LOLFA'R PLAS NOS WENER NESA'.

Roedd pethau'n edrych yn go dywyll wrth i Dion a Dana ymlwybro'n benisel tua'r sièd. Buont yn ymarfer yn reit ddi-fflach am hanner awr ac yna, wrth i Dana gyrraedd nodyn hir, main ar ei ffidil…

DWI WEDI CAEL SYNIAD!

38

Esboniodd Dana ei syniad i Dion.

FFANTASTIG, DANA!

BETH AM I NI FYND Â'R MORTHWYL PREN MAWR GYDA NI HEFYD.

A'R HEN GADWYN HAEARN 'MA.

Roedd tipyn mwy o sbonc yn eu camau wrth iddynt droi yn ôl tua'r tŷ am swper.

* * *

Bu pethau'n go dawel yn ystod y ddeuddydd nesaf. Teimlai Dad yn fwy a mwy digalon wrth i saith o'r gloch nos Wener agosáu.

Ceisiodd Mam ei gysuro, ond heb lawer o lwyddiant.

"MAE'N WELL I NI DDWEUD WRTHO AM EIN SYNIAD NI, DANA, CYN IDDO YRRU MAM YN WALLGO'!"

"FY SYNIAD I WYT TI'N FEDDWL!"

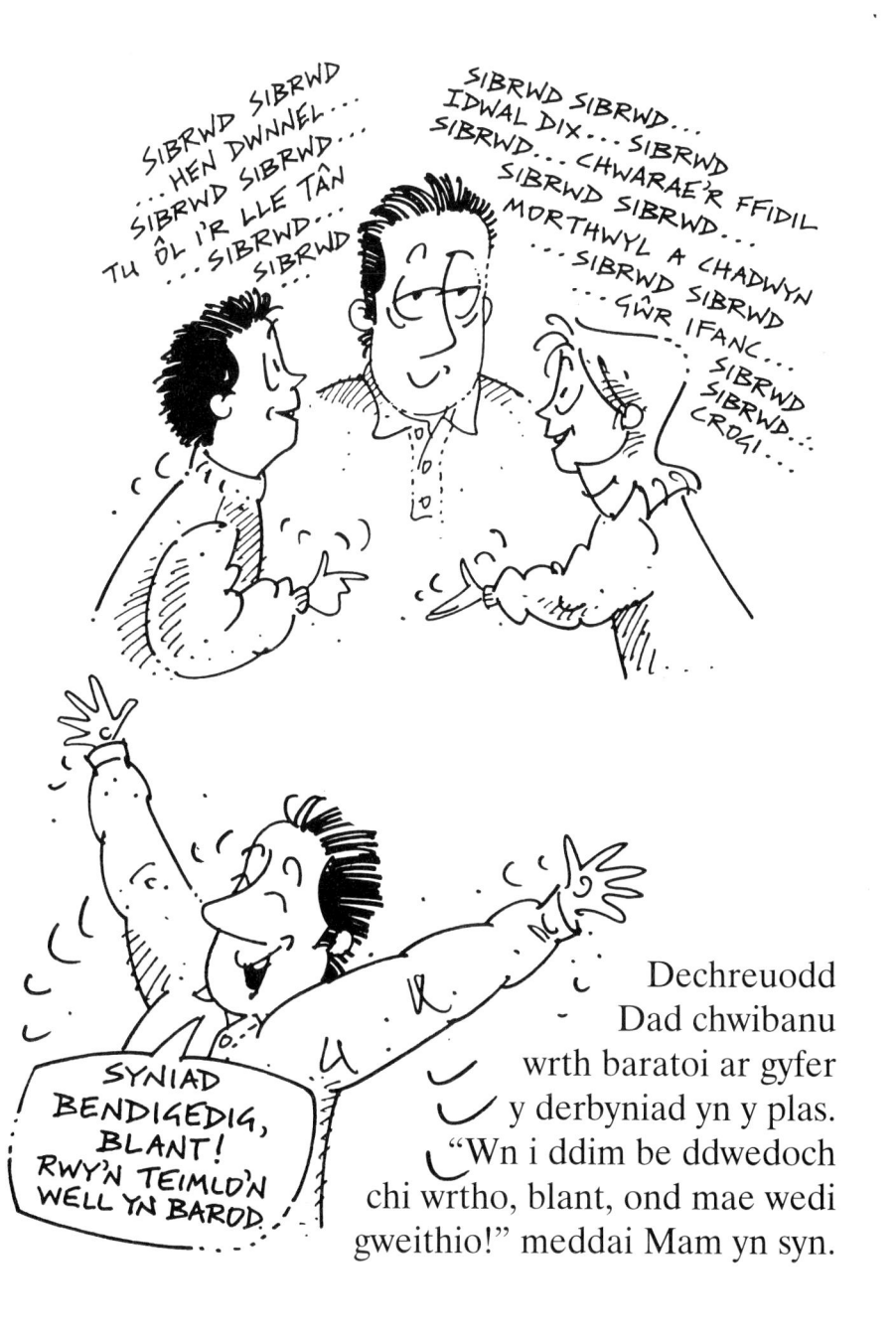

SIBRWD SIBRWD
...HEN DWNNEL...
SIBRWD SIBRWD
TU ÔL I'R LLE TÂN
...SIBRWD...
SIBRWD

SIBRWD SIBRWD...
IDWAL DIX....SIBRWD
SIBRWD...CHWARAE'R FFIDIL
SIBRWD SIBRWD...
MORTHWYL A CHADWYN
...SIBRWD SIBRWD
...GŴR IFANC...
SIBRWD
SIBRWD
CROGI...

SYNIAD BENDIGEDIG, BLANT!
RWY'N TEIMLO'N WELL YN BAROD.

Dechreuodd Dad chwibanu wrth baratoi ar gyfer y derbyniad yn y plas. "Wn i ddim be ddwedoch chi wrtho, blant, ond mae wedi gweithio!" meddai Mam yn syn.

Cyn hir…

> MAE'N CHWECH O'R GLOCH, DION, GWELL I NI FYND I YMARFER.

> MI FEDRWCH CHI YMARFER YN Y TŶ HENO, BYDD DAD YN Y PLAS.

> YM… YM… NA… YM… RY'N NI WEDI DOD YN REIT HOFF O'R SIÈD, MAM. MAE'N… YM… REIT GLYD YNO.

"Mae'n well peidio dweud dim wrth Mam. Dim ond poeni wneith hi," meddai Dana wrth iddi agor drws y sièd.

Ac am chwarter wedi chwech ar yr ail ar hugain o Chwefror dyma ddau ffigur yn cario nifer o wahanol eitemau yn symud fel cysgodion heibio cornel y sièd ac i gyfeiriad ceg y twnnel.

"Does neb wedi bod yma, beth bynnag," meddai Dion yn falch, "mae'r canghennau dros y twll yn union fel y gadawson ni nhw y tro diwethaf."

Disgynnodd y ddau yn ofalus i'r twll, symud y garreg i'r naill ochr a chamu i lawr y grisiau cerrig ac ymlaen ar hyd y twnnel.

DOES DIM LLAWER O FFORDD ETO, OES E'?

SHHHHH! CADW DY LAIS I LAWR, RY'N NI BRON Â BOD O DAN LOLFA'R PLAS.

Uwchben roedd Edward Prys a'i wraig Kitty a Maldwyn Jones-Ellis a'i wraig Samantha wedi cyrraedd y lolfa.

Roedd pawb ohonynt wrth eu bodd gyda'r plas.

Yna daeth Dad
a Matron Morgan
i mewn...

WN I DDIM SUT
Y GALLWCH CHI
EDRYCH MOR HAPUS
AR ACHLYSUR
MOR DRIST, DANI,
NA WN I WIR.

...ynghyd â rhai o staff
a henoed y plas...

… a Sam Streips,
y gath.

Ac yn olaf
John Glyndŵr Jones
a'i wraig Carina,
y Cynghorydd Idwal Dix
a dyrnaid o gynghorwyr eraill,
a Syr Jeremy Thompson-Pughe.

A, DANI, DYMA CHI.
NOSON DRIST IAWN
OND MAE'N RHAID
GWNEUD Y GORAU
O'R GWAETHAF.

IEKID
DAH!

OES MR DIX.
DIM OND GOBEITHIO
NA FYDD YR YSBRYD
YN DECHRAU CADW
SŴN HENO YNTÊ.

BE DDWEDSOCH CHI?!
YSBRYD?!
PA YSBRYD?

TWT LOL! MAE POBL YN DWEUD FOD YSBRYD YM MHOB HEN BLAS.
O, MAE YSBRYD GO IAWN YN Y PLAS HWN, MR PRYS, YSBRYD GŴR IFANC A GYHUDDWYD AR GAM O DDWYN DWY DDAFAD O'R PLAS A'I GROGI DROS BUM CAN MLYNEDD YN ÔL...
MAE RHYWBETH NEWYDD I'W DDYSGU BOB DYDD!

FE GAFODD EI GARCHARU MEWN YSTAFELL A ARFERAI FOD Y TU ÔL I'R LLE TÂN FAN HYN...

DYW'R 'STAFELL DDIM YNO NAWR, FE GAFODD EI LLOSGI'N ULW DDAU CAN MLYNEDD YN ÔL...

MAE'R YSBRYD I'W GLYWED WEITHIAU YN DYRNU'R WAL AC YN SGRECHIAN YN UCHEL WRTH DYNNU EI GADWYN FAWR DROM AR EI ÔL.

"Hy! Choelia i fawr. Dwli dwl," chwarddodd Edward Prys. "Dewch ymlaen bawb, rhagor i'w fwyta."
Gyda hynny dyma sgrech hir, fain, uchel yn atseinio drwy'r lolfa. Wiiiiiiiiiiiiiiiii…

Dilynwyd y sgrech gan sŵn dyrnu trwm.

Yna sgrech arall, uwch y tro hwn, mwy o ddyrnu a sŵn cadwyn yn cael ei thynnu ar draws y llawr.

Wiiiiiiiiiiiiii…
Bwm, bwm, bwm, bwm…
Chy, chy, chy, chy, chy, chy…

MAE'R S..S.. SŴN YN D..D.. DOD O DU ÔL Y WAL!

OND DIM OND G..G..GWAGLE S..S..SYDD YNO ERBYN HYN!

Wiiiiiiiiiiiiii…
Bwm, bwm, bwm, bwm…
Chy, chy, chy, chy, chy, chy…

O fewn eiliadau roedd lolfa Plas y Durtur
wedi gwagio'n llwyr – wel, bron yn llwyr.

ANGHOFIWCH AM BRYNU'R LL..LL..LLE OFNADWY YMA, EDWARD! DEWCH O'MA AR UNWAITH.

FYDDAI'R UN D..D.. DYN BUSNES EISIAU T..T..TREULIO PUM MUNUD YN Y LLE HWN HEB S..S..SÔN AM BENWYTHNOS!

Safai Dani Doyle ar ganol y llawr yn rhuo chwerthin.
Tu ôl i'r wal roedd y sŵn ofnadwy'n parhau.

"Ocê, blant," gwaeddodd Dani o'r lolfa, "mae pawb wedi dianc o 'ma! Ho, ho, ho, ho!"

* * *

Gwnaeth Dani gwpanaid o de cryf
i Matron Morgan yn y gegin cyn adrodd
y stori'n llawn wrthi hi
a'r staff a rhai o'r henoed.

Erbyn hyn roedd y plant wedi cyrraedd y tŷ.

"Gawsoch chi bractis da, blant?" gofynnodd Mam. "Fe fuoch chi'n ddigon hir."

"Ry'n ni wedi cyrraedd nodyn uchel iawn heno, Mam," atebodd Dana gan bwffian chwerthin.

Aeth Dion a Dana i'w gwelâu yn hapus ond yn flinedig iawn y noson honno a chysgu'n drwm drwy'r nos. Yn gynnar fore trannoeth aeth y ddau ohonynt ynghyd â Dad a Matron Morgan i archwilio'r gist yn y twnnel.

Ac yn wir, ymhen dau funud roedd y gist
wedi ei rhyddhau o'r hen forter brau.

Stryffaglodd y pedwar tuag at geg
y twnnel gan hanner cario a
hanner llusgo'r hen gist drom.

Fe lwyddwyd, gyda chymorth pawb, i'w chodi allan o'r twll yn y ddaear a chydag un ergyd nerthol dyma'r hen glo rhydlyd yn chwalu'n rhacs.

Ac felly y bu.

* * *

Ymhen hir a hwyr derbyniodd Matron Morgan
ddau lythyr swyddogol iawn yr olwg ar
yr un dydd. Roedd un ohonynt
oddi wrth un o
adrannau'r
Llywodraeth.

> MAE'R AWDURDODAU WEDI PENDERFYNU FOD Y TRYSOR YN EIDDO I SYR JEREMY THOMPSON-PUGHE GAN MAI AR DIR Y PLAS Y CANFYDDWYD Y GIST AC MAI UN O'I HYNAFIAID EF, YN ÔL POB TEBYG, A GUDDIODD Y TRYSOR FLYNYDDOEDD YN ÔL.

> I'R PANT Y RHED Y DŴR.

"Beth am y llythyr arall, Matron?"
gofynnodd Dani.

Agorodd Matron yr ail amlen yn syth.

Aeth Dani a Matron ati'n syth i wneud y trefniadau.

* * *

A dyna beth oedd parti go iawn! Daeth yr Aelod Seneddol, Aelod y Cynulliad, y Maer a'r Prif Gwnstabl i'r parti. Roedd staff y cartref yno a'r hen bobl i gyd, ac yno hefyd roedd Megan, Dion a Dana.

Roedd holl aelodau pwyllgor y cartref yno… ar wahân i un, IDWAL DIX! Ymddiswyddodd ef o'r pwyllgor ac o'r cyngor ac yr oedd, yn ôl un o'i gyd-weithwyr, wedi mynd am wyliau hir!

Y DIWEDD

O.N. Ni chafodd Dion a Dana wobr yn Eisteddfod yr ysgol. "Mae angen mwy o ymarfer" oedd sylw'r beirniad!

63

LLYFRAU LLOERIG

Panel Golygyddol: Hywel James, Elizabeth Evans, Rhiannon Jones

Mae'r llyfrau bellach wedi eu graddoli yn ôl iaith a chynnwys. Nodir y lefelau trwy gyfrwng sêr.

Grŵp 1* (syml):
Codi Bwganod, addas. Ieuan Griffith (Gwasg Gomer)
Ffortiwn i Pom-Pom, addas. Elen Rhys (Gwasg Gwynedd)
Penri'r Ci Poeth, addas. Elen Rhys (Gwasg Gwynedd)
Pen-blwydd Hapus, Blodwen, addas. Elen Rhys (Gwasg Gwynedd)
Pwtyn Cathwaladr, addas. Elen Rhys (Gwasg Gwynedd)
Potes Pengwin/Tynnwch eich Cotiau, addas. Emily Huws (Dref Wen)
Sianco, addas. Angharad Dafis (Gwasg Gwynedd)
Syniad Gwich? addas. Jini Owen a Brenda Wyn Jones (Gwasg Gwynedd)
Pws Pwdin a Ci Cortyn, addas. Gwawr Maelor (Gwasg Gwynedd)
Nainosôr, addas. Gwawr Maelor (Gwasg Gwynedd)

Grŵp 2** (canolig):
Crenshiau Mêl am Byth? addas. Dylan Williams (Gwasg Gwynedd)
Dyfal Donc, addas. Emily Huws (Gwasg Gwynedd)
'Dyma Fi - Nanw!', addas. Marion Eames (Gwasg Gwynedd)
Peiriannau Nina, addas. Siân Lewis (Gwasg Gwynedd)
Dannedd Dodi Tad-cu, Martin Morgan (Cymdeithas Lyfrau Ceredigion)
Tad-cu yn Colli ei Ben, Martin Morgan (Cymdeithas Lyfrau Ceredigion)
Tad-cu yn mynd i'r Lleuad, Martin Morgan (Cymdeithas Lyfrau Ceredigion)
Cemlyn a'r Gremlyn, addas. Jini Owen a Brenda Wyn Jones (Cyhoeddiadau Mei)
3 x 3 – Ych-A-Fi!, Siân Lewis (Gwasg Gomer)
Cofiwch Bwyso'r Botwm Neu..., Mair Wynn Hughes (Gwasg Gomer)
Mins Sbei, Siân Lewis (Gwasg Gomer)
Gwibdaith Gron, Hilma Lloyd Edwards (Y Lolfa)
Rwba Dwba, Gwyn Morgan (Dref Wen)
Y Fferwr Fferau, addas. Meinir P Jones (Gwasg Gomer)
Ben ar ei Wyliau, Gwyn Morgan (Dref Wen)
Popo Dianco, addas. Dylan Williams (Gwasg Gwynedd)

Grŵp 3*** (estynnol):
Yr Aderyn Aur, addas. Emily Huws (Gwasg Gomer)
Tŷ Newydd Sbonc, addas. Brenda Wyn Jones (Gwasg Gomer)
Ble mae Modryb Magi?, addas. Alwena Williams (Gwasg Gomer)
'Chi'n Bril, Bòs!', addas. Glenys Howells (Gwasg Gomer)
Merch y Brenin Braw, addas. Ieuan Griffith (Gwasg Gomer)
Newid Mân, Newid Mawr, addas. Dylan Williams (Gwasg Gomer)
Pwy sy'n Ferch Glyfar, 'te?, addas. Siân Lewis (Gwasg Gomer)
Y Ffenomen Ffrwydro Ffantastig, Martin Morgan (Cymdeithas Lyfrau Ceredigion)
Smalwod, addas. Gwynne Williams (Gwasg Cambria)
Y Crocodeil Anferthol, addas. Emily Huws (Cymdeithas Lyfrau Ceredigion)
Zac yn y Pac, Gwyn Morgan (Dref Wen)
Zac yn Grac, Gwyn Morgan (Dref Wen)

Llyfrau Arswyd Lloerig*** (Gwasg Gomer):
Bwthyn Bwganod, addas. Gron Ellis
Y Gors Arswydus, addas. Ross Davies
Mistar Bwci-Bo, addas. Beryl S Jones
Y Bws Ysbryd, addas. Sulwen Edwards

Llyfrau Barddoniaeth Lloerig (gol. Myrddin ap Dafydd, Gwasg Carreg Gwalch):
Briwsion yn y Clustiau
Chwarae Plant
Y Llew Go Lew
Mul Bach ar Gefn ei Geffyl
Nadolig, Nadolig
Ych! Maen Nhw'n Neis
'Tawelwch!' taranodd Miss Tomos